콘래드 **K.** 버틀러
Conrad K. Butler

아이들을 위한 자동차의 세계

알파 로메오
Alfa Romeo

Alfa Romeo는 스포츠카를 생산하는 권위있는 이탈리아 브랜드입니다. 회사는 1906년 Alexandre Darracq에 의해 현재 회사 본사가 있는 밀라노 근처의 Portello에서 설립되었습니다. 역사를 통틀어 특히 트롤리버스와 오프로드 차량을 생산했지만 브랜드를 매우 유명하게 만든 것은 스포츠 모델이었습니다. QV 기호(Quadrifoglio Verde - 녹색 네잎 클로버)가 표시된 모델은 특히 심장이 더 빨리 뛰도록 합니다. Alfa Romeo는 커먼레일 연료 직접 분사(1997), 가변 밸브 타이밍(1980), 실린더당 2개의 스파크 플러그가 있는 스파크 점화 엔진(1914), 6단 기어박스 등을 사용한 최초의 브랜드입니다. 시리즈 생산 모델(1967)에서.

애스턴 마틴
Aston Martin

Alfa Romeo는 스포츠카를 생산하는 권위있는 이탈리아 브랜드입니다. 회사는 1906년 Alexandre Darracq에 의해 현재 회사 본사가 있는 밀라노 근처의 Portello에서 설립되었습니다. 역사를 통틀어 특히 트롤리 버스와 오프로드 차량을 생산했지만 브랜드를 매우 유명하게 만든 것은 스포츠 모델이었습니다. QV 기호(Quadrifoglio Verde - 녹색 네잎 클로버)가 표시된 모델은 특히 심장이 더 빨리 뛰도록 합니다. Alfa Romeo는 커먼레일 연료 직접 분사(1997), 가변 밸브 타이밍(1980), 실린더당 2개의 스파크 플러그가 있는 스파크 점화 엔진(1914), 6단 기어박스 등을 사용한 최초의 브랜드입니다. 시리즈 생산 모델(1967)에서.

I AML
KO67 LXR

아우디
Audi

Aston Martin은 영국의 스포츠 및 고급 자동차 제조업체입니다. 이 회사는 1914년 Gaydon에서 Lionel Martin과 Robert Bamford에 의해 설립되었습니다. 이 자동차는 우아한 라인, 풍부한 장비, 가장 작은 세부 사항에 대한 관심이 특징입니다. 모든 영국 브랜드 자동차가 수작업으로 조립된다는 사실이 독특함을 더합니다. 솜씨의 신뢰성은 약이라는 사실에 의해 입증됩니다. 판매된 자동차의 75%는 여전히 사용하기에 적합합니다. 우리 대부분은 영국 비밀 요원 제임스 본드의 모험에 관한 영화에 나오는 이 독점 자동차를 알고 있습니다. Aston Martin의 다양한 모델이 10개 부품으로 "나타났기" 때문입니다!

IN·Q5251
45 TFSI
IN·R8250

벤틀리
Bentley

Bentley는 Crewe의 Cheshire에 본사를 둔 영국 기반의 고급 스포츠카 제조업체입니다. 1919년 창립자는 Walter Owen Bentley로 동급 최강의 경주용 자동차를 만드는 꿈을 꾸었습니다. 그는 1921년에 자신의 첫 번째 자동차인 Bentley 3 Liter를 선보였지만 르망 레이스에서 우승하면서 성공을 거두기까지 3년이 걸렸습니다. 1931년 이 브랜드는 롤스로이스(Rolls-Royce)에 인수되었습니다. 몇 가지 경우를 제외하면 전후 모델은 1990년대까지 롤스로이스의 스포츠 버전에 불과했다.

BMW

BMW는 오늘날 가장 인기 있는 자동차 브랜드 중 하나입니다. 그러나 독일 엔지니어들은 처음부터 자동차를 설계하지 않았습니다. 이 공장은 1913년 구스타프 오토(Gustav Otto)와 칼 랩(Karl Rapp)에 의해 설립되었으며 처음에는 비행기와 오토바이 생산에 참여했습니다. 그 당시 바이에른의 색상으로 프로펠러의 양식화 된 원을 보여주는 BMW 회사 로고가 만들어졌습니다. 1929년이 되어서야 BMW는 최초의 대량 생산 자동차인 BMW 3/15를 제작했습니다. 회사의 가장 큰 발전은 Eberhard von Kuenheim 덕분입니다. 그는 BMW를 유럽뿐만 아니라 전 세계적으로 중요하게 만들었습니다. BMW Motorsport 부서에서 3.0 CSL, M1 또는 M3 E30과 같은 모델을 출시한 덕분에 우리의 심장은 한 번 이상 뛰었습니다.

부가티
Bugatti

Bugatti는 독점 스포츠 및 레이싱 카의 프랑스 제조업체입니다. 1909년 브랜드 창립자는 Ettore Bugatti였습니다. 그의 자동차는 제2차 세계 대전 이전에 거의 모든 주요 경주에서 우승했습니다. 불행하게도 그것이 터졌을 때 Ettore는 생산을 중단해야 했고 1947년 사망한 결과 다시는 공장으로 돌아오지 못했습니다. 브랜드를 재활성화하기 위해 1987년 이탈리아의 Romano Artioli는 Campogalliano에 Bugatti Automobili SpA라는 회사를 설립했습니다. 오늘날 가장 잘 알려진 모델이 Veyron인 이유가 있습니다. Super Sport 버전은 가장 빠른 양산차 타이틀을 보유하고 있습니다.

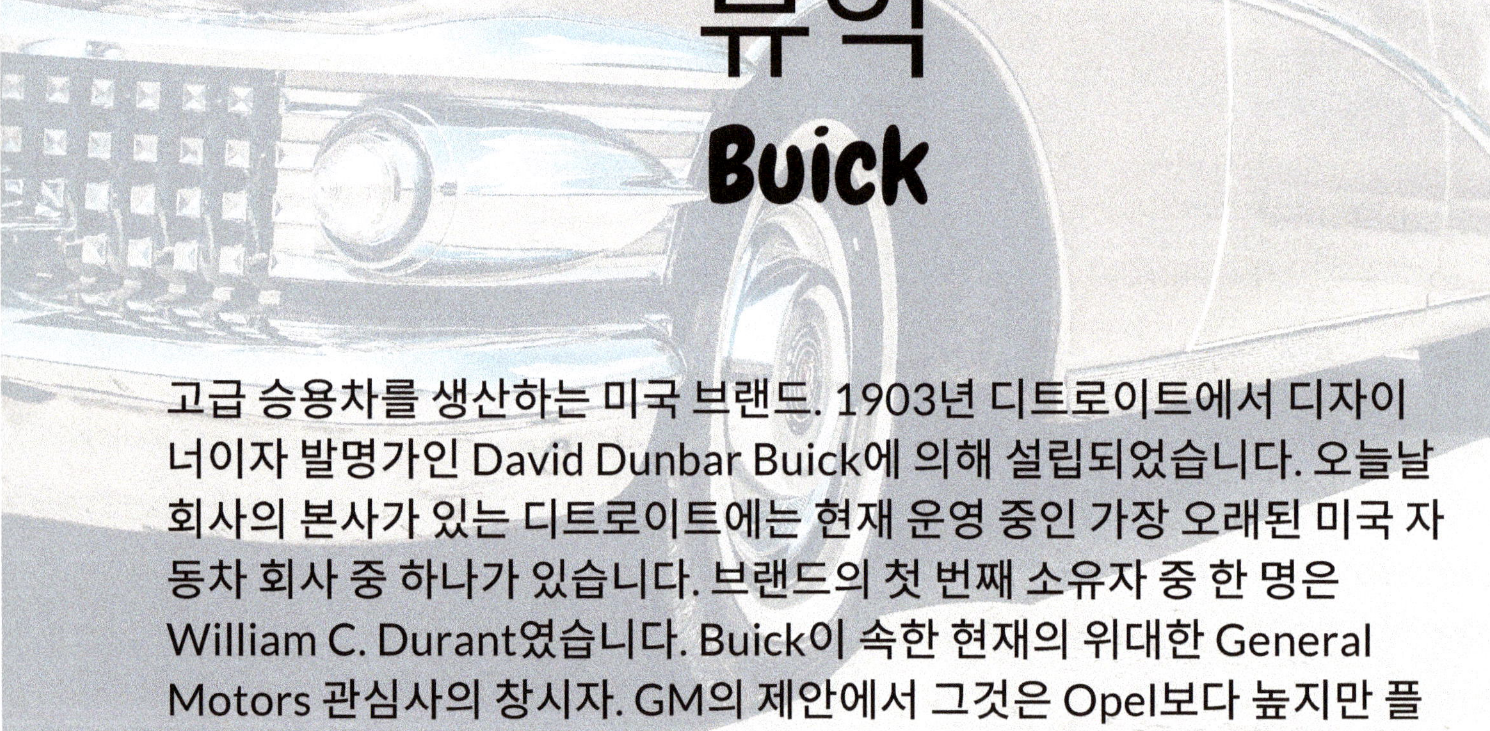

뷰익
Buick

고급 승용차를 생산하는 미국 브랜드. 1903년 디트로이트에서 디자이너이자 발명가인 David Dunbar Buick에 의해 설립되었습니다. 오늘날 회사의 본사가 있는 디트로이트에는 현재 운영 중인 가장 오래된 미국 자동차 회사 중 하나가 있습니다. 브랜드의 첫 번째 소유자 중 한 명은 William C. Durant였습니다. Buick이 속한 현재의 위대한 General Motors 관심사의 창시자. GM의 제안에서 그것은 Opel보다 높지만 플래그십 Cadillac보다 낮습니다. 브랜드 로고의 세 개의 방패는 회사 설립자의 고귀한 가문의 문장을 나타냅니다.

캐딜락
Cadillac

미국의 고급 승용차 제조업체. 이 회사는 1902년 디트로이트에서 Henry Leland에 의해 설립되었습니다. 처음부터 브랜드는 오늘날까지 최고의 품질과 고급 스러움과 관련되어 있기 때문에 매우 수익성이 높은 생산 품질에 큰 중요성을 부여했습니다. 그들의 차는 가수, 배우, 그리고 무엇보다도 미국 대통령이 운전했습니다. 미국 건설사들은 처음으로 자신들의 모델을 설치하는 등 거의 모든 단계에서 혁신성을 과시했다. 전기 조명, 전기 스타터, V8 엔진, 에어컨, 대시보드에서 켜진 헤드라이트.

Chevrolet

Chevrolet은 General Motors의 관심사에 속하는 미국 자동차 브랜드입니다. 스위스 레이싱 드라이버이자 정비공인 Louis Chevrolet과 William Durant가 설립했습니다. 여러 버전의 회사 로고가 있지만 가장 유력한 것은 듀란트가 1908년 여행 중 머물렀던 프랑스 호텔의 벽지 디자인에서 영감을 받아 친구에게 보여주기 위해 일부를 찢은 것입니다. 자동차 브랜드의 좋은 특징이 됩니다.

CHRYSLER

크라이슬러
Chrysler

미국에서 가장 인기 있는 자동차 브랜드 중 하나입니다. 1925년 Auburn Hills에서 Walter Chrysler에 의해 설립되었습니다. Chrysler는 자동차 시장을 혁신하는 데 몇 가지 성공을 거두었습니다. 1951년에 V8 Hemi 엔진의 프로토타입이 만들어졌고 수년 동안 Chrysler는 매우 성공적이었습니다. 1987년에는 American Motor Corporation을 인수했고 1998년에는 Daimler-Benz와 합병했습니다. 승용차 외에도 우려 사항은 SUV, 스포츠카, 픽업 및 밴을 생산했습니다.

시트로엥

Citroen

승용차, 밴 및 트럭의 프랑스 브랜드는 1919년 엔지니어 Andre Citroën에 의해 설립되었습니다. Citroën 모델은 항상 독창적이고 우주적인 외관, 특이한 인테리어 및 흥미로운 기술 솔루션으로 구별되었습니다. 그들 중 많은 사람들이 올해의 자동차 타이틀을 획득했습니다. GS(1971), CX(1975) 또는 XM(1990).

다시아
Dacia

Dacia는 승용차와 밴을 생산하는 루마니아 생산업체입니다. 회사는 Pitesti에서 1966년(비록 그 기원은 1943년으로 거슬러 올라감)에 설립되었으며 그 이름은 루마니아 조상이 거주하는 땅의 이름인 "Dacia"에서 유래되었습니다. 1999년에 르노와의 협력이 갱신되어 루마니아 브랜드의 대부분을 인수했습니다. 회사의 획기적인 해는 Logan 모델을 출시한 2004년이었습니다. Dacia 생산량 측면에서 모든 기록을 경신했습니다. 그 이후로 루마니아 브랜드는 부활을 경험했으며 수많은 모델이 전 세계 많은 고객을 찾습니다.

다지
Dodge

승용차를 생산하는 미국 브랜드. 그 시작은 John과 Horace Dodge 형제가 자전거와 기계 부품을 제조하는 회사인 Dodge Brothers Bicycle & Machine Factory를 설립한 1897년으로 거슬러 올라갑니다. 브랜드의 매우 중요한 이벤트는 1950년대 V8 HEMI 엔진이 장착된 자동차 출시였습니다. 덕분에 브랜드는 NASCAR 클래스 레이스에서 수많은 성공을 거두었습니다. 1966년에 그들은 오늘날 브랜드의 아이콘 중 하나로 간주되는 Charger를 선보였습니다. 따라서 그들은 소위 "머슬카"의 시대를 시작했습니다.

페라리

Ferrari

페라리는 이탈리아의 고급 스포츠카 제조업체입니다. 본사는 마라넬로 시에 있습니다. 이 회사는 1946년 레이싱 드라이버였던 모데나 출신의 전설적인 엔초 페라리가 설립했습니다. 페라리 로고에는 검은색 군마가 있는데, 이는 제1차 세계대전 당시 조종사였던 프란체스코 바라카의 비행기 엠블럼을 의미한다. 제조업체는 가장 유명한 시리즈인 Formula 1을 포함하여 모터스포츠에서 매우 성공적이었습니다. 페라리 자동차는 슈퍼 스포츠카 부문에서 트렌드를 설정했습니다. 그들은 Lamborghini, Porsche, Aston Martin 및 Maserati와 같은 브랜드와 시장에서 경쟁합니다.

명령
Fiat

FIAT는 이탈리아의 승용차 및 밴(트럭, 농기계, 비행기도 한때는 제조) 제조업체입니다. 회사는 토리노에서 Giovanni Aneglli에 의해 1899년에 설립되었습니다. 1년 후 첫 번째 모델인 3 1/2 HP가 출시되었습니다. 이 브랜드는 빠르게 발전하여 1939년까지 이미 5개의 공장을 보유하게 되었습니다. 이 브랜드는 유럽, 특히 이탈리아에서 매우 인기가 있습니다.

포드

Ford

Ford는 승용차, 밴 및 트럭을 생산하는 미국 회사입니다. 1903년 디트로이트에서 자동차 역사에서 가장 중요한 인물 중 한 명인 Henry Ford가 설립했습니다. 창립 한 달 후 첫 번째 자동차인 A 모델이 제작되었지만 실제 히트를 친 것은 1908년 T 모델이었습니다. 19년 동안 1,500만 부 이상이 생산되었으며, 1913년 Ford는 세계 최초로 대량 생산을 도입하여 10초마다 새 차가 출시되었습니다. 1964년 미국인들은 세계에서 가장 잘 알려진 자동차 중 하나인 머스탱을 만들었습니다. 그로부터 소형 차체, 스포티한 디자인, 강력한 엔진을 갖춘 자동차인 "포니 자동차"라는 용어가 시작되었습니다.

GMC

지엠씨

GMC

GMC는 스포츠 유틸리티 차량, SUV 및 트럭을 생산하는 미국 회사입니다. 브랜드의 기원은 최초의 트럭 제조업체 중 하나인 Maks Grabowski가 Rapid Motor Vehicle Company를 설립한 1902년으로 거슬러 올라갑니다. 전쟁 중 그들의 CCKW 모델(최대 2.5톤 용량!)은 미군의 기본 트럭 중 하나였습니다. 오랫동안 모델은 1996년에 마침내 이름에서 Truck 이라는 단어를 제거하기로 결정될 때까지 몸에 그러한 표시가 있었습니다.

혼다

Honda

혼다는 승용차, 승합차, 오토바이, 다양한 유형의 건설 및 농기계용 엔진을 생산하는 일본 브랜드입니다. 1948년 도쿄에서 혼다 소이치로의 주도로 설립되었습니다. 브랜드의 첫 번째 차량은 50cc 엔진으로 구동되는 자전거였습니다. 다음 오토바이는 1년 후에 출시되었습니다. 1953년까지 Honda 자동차 생산을 시작하지 않았습니다. 첫 번째는 T360이었습니다. 1971년 후진 기어가 장착된 최초의 오토바이인 Honda Gold Wing이 출시되었습니다. 1년 후, 일본인은 최초의 대량 생산 소형차인 Civic을 출시하기로 결정했습니다. 그것은 시장에서 엄청난 성공을 거두었고, 이 자동차의 9세대가 오늘날까지 제조되었습니다.

현대자동차는 한국의 자동차 회사입니다. 그 기원은 1947년 정주영 회장이 현대건설(당시 최대 건설회사)을 창업한 때로 거슬러 올라간다. 현대자동차가 자동차를 생산하기 위해 설립된 것은 그로부터 20년이 지나서였습니다. 이름은 모국어(현대)로 현대를 의미하며, 로고는 두 사람의 악수를 상징합니다. 첫 번째 자동차는 1년 후에 만들어졌습니다. 그것은 Cotina라고 불렸고 Ford 모델 인 Cortina를 기반으로 했습니다. Pony는 그들의 첫 자체 제작 차량이었지만(1974년) Ford와의 협력은 1985년까지 계속되었습니다. 회사는 지속적으로 다양한 차량을 개발하고 현대화하고 있으며 주로 고장 없는 작동에 중점을 두고 있습니다. 이 점에서 유럽이나 미국의 경쟁자를 능가하는 경우가 많습니다.

인피니티

Infiniti

닛산이 소유한 일본 고급 자동차 브랜드. 그 이야기는 처음부터 명품 브랜드를 만들겠다는 아이디어가 탄생한 1985년에 시작됩니다. 그 이름은 2년 후에 선택되었으며 "무한"을 의미합니다. 사실 브랜드의 탄생은 아큐라(고급 혼다)에 대한 닛산의 반응이었다. 최초의 인피니티 자동차는 1989년에 시장에 출시되었으며, 이는 Toyota의 독점 버전인 최초의 Lexus 모델과 동일합니다. 처음에 일본인은 북미 시장에서만 자동차를 판매했습니다.

Q50

M 96982

재규어
Jaguar

Jaguar - 1922년 William Lyons 경이 설립한 영국 고급 승용차 브랜드로 원래 Swallow Sidecar Company라고 불리며 오토바이 사이드카를 판매했습니다. Lyons의 첫 번째 자동차인 2도어 SS1 리무진은 1932년에 시장에 출시되었습니다. 1950년대에 브랜드는 르망 24시를 포함한 자동차 경주에서 경쟁하기 시작했습니다. 대표적인 스포츠카인 XK120C를 선보인 지 1년 만에 재규어는 르망에서 첫 우승을 차지했고, 던롭과의 콜라보레이션을 통해 디스크 브레이크를 탄생시켰고, 이는 추가 우승을 위한 완벽한 레시피로 판명되었습니다. 또한 브랜드는 프랑스에서 승리했습니다. 5번 더.

WW 860YG
P300
XFZ 989

Jeep

지프
Jeep

1941년부터 Willys 회사에서 생산하는 미국 브랜드의 오프로드 자동차입니다. 처음에는 군대용 차량을 생산했고 전쟁 후에는 민간 차량을 판매하기 시작했습니다. 프로토타입 - Willys Quad는 불과 49일 만에 제작되었습니다! 오늘날까지도 제2차 세계 대전에서 가장 인기 있는 차량 중 하나입니다. 1950년에 Willys 회사는 Jeep의 이름을 유보했지만 1945년에 최초의 민간 모델인 CJ2A가 등장했습니다. 이 이름의 유래에 대한 많은 이야기가 있는데, 그 중 하나는 지프 유진(Eugene the Jeep)에서 유래했다는 것입니다.
그의 뛰어난 기량과 기술로 유명한 "뽀빠이"만화의 캐릭터. 1962년 미국 제조사가 4x4 차량에 최초의 자동변속기를 선보였습니다. 독립적인 전륜 서스펜션이 장착된 최초의 4x4 모델이기도 했지만 가장 인기가 많았던 것은 랭글러와 그랜드 체로키였습니다.

기아자동차
Kia

한국에서 가장 오래된 자동차 회사는 승용차와 승합차를 생산합니다. 1944년부터 활동을 시작했지만 이후 경성정밀공업이라는 이름으로 활동하며 자전거 부품 생산에 관여했다. 1962년 첫 상용차인 K-360이 출시되기 전에 한국인들도 오토바이를 생산했습니다. 1970년대 이후 많은 Kii 모델이 Mazda의 라이센스하에 제작되었습니다. 1997년 회사는 파산 직전이었다. 그때 현대가 구조에 나서 2년 후 기아 주식을 사들여 현대 기업인 기아 자동차 그룹을 만들었습니다. 현재이 브랜드는 역동적으로 발전하고 있으며 유명한 서유럽 브랜드의 잠재적 경쟁자가되었습니다.

람보르기니
Lamborghini

Lamborghini - 고급 스포츠카와 농업용 트랙터를 생산하는 이탈리아 브랜드. 이 회사는 볼로냐 근처의 Sant'Agata Bolognese에 본사를 두고 있습니다. 이 회사는 처음에 트랙터 생산으로 많은 돈을 벌었던 Ferruccio Lamborghini가 1948년에 설립했습니다. 람보르기니의 가장 큰 라이벌은 또 다른 이탈리아 브랜드인 페라리라는 사실은 오랫동안 알려져 왔다. 슈퍼카를 만들려는 아이디어는 Ferrucci와 Enzo Ferrari와의 다툼 후에 탄생했습니다. 부자인 람보르기니는 후드에 검은 말을 싣고 차를 몰았다. 그러나 그는 그에게 전적으로 만족하지 않았고 그가 엔조에게 몇 가지 변화를 제안했을 때 그는 그를 비웃었습니다. 그리하여 1963년 V12 엔진이 장착된 Lamborghini 350 GTV가 만들어졌으며 Modena의 자동차를 능가했습니다. 3년 후 Miura가 설립되어 전 세계적으로 브랜드를 유명하게 만들었습니다. 그녀는 사악하고 운전하기 어려웠지만 그녀의 우아함과 미묘한 선으로 매료되었습니다.

랜시아
Lancia

Lancia - Vincenzo Lancia와 Claudio Fogolina가 1906년 Turin에서 설립한 이탈리아 승용차 브랜드입니다. 첫 번째 Lancia 모델은 Alpha였습니다. 처음부터 Lancia는 현대적인 솔루션에 놀랐습니다. Theta (1913)는 전기 장치가 등장한 최초의 자동차였습니다. 1922년에 만들어진 Lambda 모델은 Lancia의 첫 번째 주요 시장 성공이었습니다. 등장한 혁신적인 솔루션 중에는 다른 자립형 차체와 독립적인 전륜 서스펜션이 있습니다. Astura(1931)에는 진동이 자동차로 전달되는 것을 줄이는 엔진 서스펜션이 있었고 1933년 Augusta는 유압식 브레이크가 장착된 최초의 세단이었습니다. Lancia 모델은 처음부터 우아함과 감각적인 라인으로 유명했습니다. 자동차 팬들은 Stratos, 037 또는 Delta와 같은 모델을 특히 기억할 것입니다. 이 모델은 브랜드가 모터스포츠에서 수많은 성공을 거두었고 여전히 WRC 역사상 가장 성공적인 팀입니다.

랜드로버
Land Rover

랜드로버는 1948년에 설립된 영국의 오프로드 차량 브랜드입니다. 처음에는 해당 모델을 Rover에서 생산했지만 1975년에 Land Rover가 독립 브랜드가 되었습니다. 첫 번째 모델은 Series I로 70개국에 수출되었습니다. 농업과 경공업에 쓰일 예정이었지만 군대에서도 사용했다. 10년 후 이 모델의 2세대가 등장했고 1985년에는 3세대 모델이 만들어졌습니다. 그의 후계자는 세계적으로 유명한 Defender였습니다. 최초의 Range Rover는 1970년에 탄생했습니다. 더 나은 장비와 3.5리터 V8 엔진을 장착하여 160kmh(100mph)까지 가속할 수 있었습니다. Defender를 제외하고 오늘날 가장 잘 알려진 모델은 Discovery(1988년 초연)와 Freelander(1997년)입니다.

RANGE ROVER
XCB 979
EVOQUE
DEFENDER
PBS 534

렉서스
Lexus

Lexus - Toyota가 소유한 고급 승용차의 일본 브랜드. 1983년, 떠오르는 태양의 나라의 우려 사장은 서유럽의 리무진과 경쟁할 수 있는 독점적인 자동차 라인을 만들 계획을 발표했습니다. 브랜드 이름은 고급스러움과 우아함과 연관되어야 했습니다. 렉서스 최초의 스포츠카인 4리터 V8 엔진을 탑재한 SC 모델은 2년 뒤 출시됐으며, 1996년 토요타 랜드크루저를 기반으로 한 LX 스포츠 유틸리티 차량이 출시됐다. 플래그십 LS 모델의 자동 주차 시스템. 일본인은 동일한 모델이 운전자의 도움 없이 샴페인 잔으로 세워진 기둥 사이에 주차된 쇼로 국제 심사위원단을 매료시켰고 그들은 2007년 세계 올해의 자동차 타이틀을 수여하기로 결정했습니다.

LEXUS

링컨

Lincoln

Lincoln은 고급 승용차를 생산하는 미국 브랜드입니다. 1917년 Henry Leland가 Abraham Lincoln 대통령을 기리기 위해 설립했습니다. 1922년 Lincoln은 Ford에 인수되어 오늘날까지 Ford에서 가장 고급스러운 브랜드이자 GM의 Cadillac 최대 경쟁자입니다. 1939년에는 무려 9세대에 달하는 전설적인 컨티넨탈 모델이 탄생했습니다! 1963년 존 F. 케네디 미국 대통령이 총살된 곳이기도 하다. 콘티넨탈은 2002년 타운카 모델을 교체했다. 콘티넨탈은 1998년 현재 가장 인지도가 높은 링컨 모델 중 하나인 브랜드 최초의 SUV인 내비게이터 모델을 선보였으며, 세대는 2007년부터 생산되고 있습니다.

로터스
Lotus

Lotus는 스포츠 및 경주 용 자동차를 생산하는 영국 자동차 회사입니다. 역사상 가장 유명한 스포츠카 디자이너 중 한 명인 Colin Chapman이 1952년에 설립했습니다. 이 브랜드는 Formula 1 경주에 참가하여 인기를 얻었습니다. 로터스는 1954년부터 60년 동안 계속해서 경쟁하여 세계 선수권 대회에서 7번 우승했습니다. 영국 자동차는 단순한 솜씨, 훌륭한 핸들링, 가벼운 무게가 특징입니다. 브랜드의 가장 유명한 모델은 Esprit(1976-2004; 무엇보다도 James Bond 영화에서 알려짐), Elise(1995년 이후 생산), Exige(Elise의 더 강력한 버전) 및 Evora(2008년 시장에 출시됨)입니다.

LOTUS

마세라티

Maserati

마세라티 - 스포츠 및 레이싱 카를 생산하는 이탈리아 회사. 브랜드의 기원은 1914년 마세라티 가문의 여섯 형제 중 한 명인 알피에리가 볼로냐에 오피치네 알피에리 마세라티 작업장을 설립하면서 시작되었습니다. 곧 예술가가되어 브랜드 로고를 디자인 한 것으로 알려진 Mario를 제외하고 나머지 형제들이 그와 합류했습니다. 그는 고향에 있는 넵튠 분수에서 영감을 얻었습니다. 1958년 최초의 로드 마세라티 모델인 3500 GT와 1963년 최초의 4도어 모델인 Quattroporte가 생산되었습니다. 이 브랜드에서 가장 인기 있는 모델은 6세대를 이어온 Quattroporte와 GranTurismo입니다.

마쯔다
Mazda

Mazda는 주로 승용차를 생산하는 일본 브랜드입니다. 이 회사는 Jyujiro Matsuda가 1920년에 설립한 작은 회사인 Toyo Kogyo Co.에서 파생되었습니다. 1960년대에 Mazda는 피스톤이 실린더 내부에서 회전하는 Wankel 엔진을 실험하기 시작했습니다. 따라서 1967년에 동일한 자전거를 사용한 첫 번째 모델인 110S Cosmo가 만들어졌습니다. 1978년 RX-7 모델이 데뷔해 큰 성공을 거두며 3세대에 이르렀다. 마지막 것은 특히 일본과 미국의 튜너들이 선호하는 것입니다. 용량이 1.3리터에 불과한 엔진과 직렬로 최대 280마력을 생성하는 2개의 터보차저 덕분에! Mazda는 1989년 소형 2인승 로드스터인 MX-5를 세계에 선보였을 때 가장 큰 성공을 거두었습니다. 가벼운 무게와 좋은 밸런스, 상대적으로 낮은 출력 덕분에 주행 만족도가 컸다.

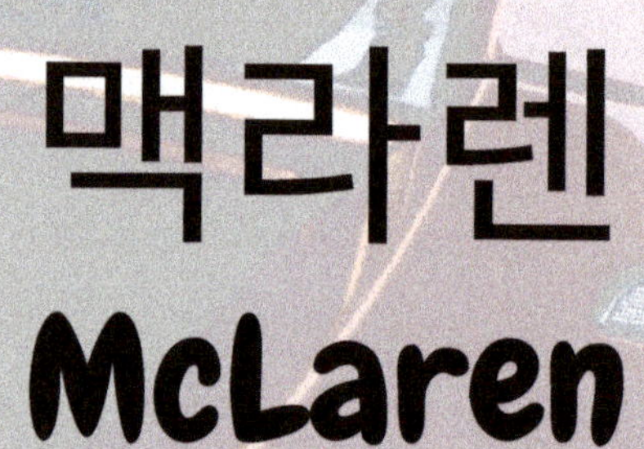

맥라렌
McLaren

McLaren Automotive(구 McLaren Cars)는 Formula 1 기술을 기반으로 한 스포츠카 생산을 담당하는 영국 기업인 McLaren Group의 사업부입니다. Woking의 Ron Dennis에 의해 1989년에 설립되었지만 Formula 1 레이싱 팀은 1963년에 결성되었습니다. 최초의 McLaren 민간 자동차는 1991년에 발표된 F1 모델이었습니다. 627의 출력을 가진 V12 엔진이 장착되었습니다. HP에는 파워 스티어링 시스템, 제동 보조 장치 또는 트랙션 컨트롤이 없었습니다. 이 모든 작업은 가능한 한 가볍게 하기 위해 수행됩니다.

100kmh(60mph)에 도달하는 데 약 3초가 걸렸고 2005년까지 가장 빠른 시리즈 생산 자동차의 타이틀을 보유했으며 386kmh(239mph)까지 가속되었습니다. 이 브랜드는 페라리, 포르쉐, 람보르기니와 경쟁합니다.

MCL F1
McLa

메르세데스-벤츠
Mercedes-Benz

Daimler AG가 생산하는 독일 브랜드의 자동차가 우려됩니다. 승용차, 승합차, 트럭, 버스는 세 개의 별표 배지 아래에서 생산됩니다. 그 시작은 Karl Benz, Max Rose, Fredrich W. Esslinger가 Benz & Co를 설립한 1883년으로 거슬러 올라갑니다. Mercedes라는 이름은 Daimler의 대표인 Emil Jellink의 딸인 Mercedes Jellinek의 이름에서 유래되었습니다. 독일 경제의 변화로 인해 벤츠와 다임러의 회사가 수렴하게 되었고 1926년에 공식적으로 다임러-벤츠 회사가 설립되었습니다. 세계에서 가장 권위 있는 브랜드. 이 브랜드는 또한 많은 레이싱 클래스에서 수많은 성공을 거두었습니다. 공식 1을 포함합니다.

미츠비시
Mitsubishi

미쓰비시는 이와사키 야타로가 1870년에 설립한 일본 회사입니다. 항공 산업, 방위 산업, 그리고 우리가 가장 관심을 갖는 분야는 자동차입니다. 이름은 일본어로 "다이아몬드 3개"를 의미하며 이를 로고에 반영합니다. 자동차 팬들은 특히 수년간 월드 랠리 챔피언십에서 또 다른 전설인 스바루 임프레자와 경쟁해 온 스포티한 버전의 랜서 에볼루션을 좋아합니다. 그러나 인기 있는 "EVO"는 1992년에야 시장에 등장하여 10세대를 맞이하고 2015년에 종료되었습니다.

닛산
Nissan

Nissan Motor Co.에 속한 일본의 승용차, 트럭 및 버스 제조업체입니다. 브랜드의 기원은 Masujiro Hashimoto가 도쿄에서 Kwaishinsha 회사를 설립한 1911년으로 거슬러 올라갑니다. 1934년이 되어서야 회사 이름을 Nissan으로 변경했습니다. 전쟁이 끝난 후 회사는 위기에 휩싸였고 영국 오스틴과 협력하여 우려가 나타났습니다. 얼마 지나지 않아 Nissan은 일본에서 두 번째로 큰 자동차 제조업체가 되었습니다. 1989년 닛산은 미국 시장을 위한 고급 브랜드인 인피니티를 출시했습니다. 1999년부터 일본은 프랑스 르노와 협력해 왔다. 가장 인기 있는 Nissan 모델은 Micra, Qashqai, Skyline(특히 튜너와 드리프터에게 사랑받음) 및 후속 모델인 GT-R 입니다.

오펠
Opel

Opel은 가장 유명한 독일 자동차 브랜드 중 하나입니다. 회사는 뤼셀하임에서 1862년 Adam Opel에 의해 설립되었습니다. 처음에는 재봉틀 생산에 참여했으며 나중에는 자전거도 생산했습니다. 1895년 설립자가 사망한 후 회사는 그의 아내와 다섯 아들이 인수했습니다. 4년 후, Friedrich Lutzman의 섀시에서 최초의 Opel-Patent-MotorWagen이 생산되었습니다. 디자인의 첫 번째 Opel 모델은 1902년에 10/12PS 모델로 제작되었습니다. 1989년에 Opel은 촉매 변환기를 표준 장비로 도입한 유럽 최초의 제조업체였습니다. 독일 브랜드의 가장 인기 있는 모델은 Kadett, Corsa, Vectra 및 Omega입니다. 영국에서는 Opel 모델이 Vauxhall이라는 이름으로, 호주에서는 Holden이라는 이름으로 판매됩니다.

푸조
Peugeot

자동차, 스쿠터, 자전거, 과거에는 트럭과 오토바이도 제조하는 프랑스 회사. 그것은 Sochaux에서 설립되었으며 Jean Pierre Peugeot에 의해 설립되었습니다. 최초의 자동차인 Serpollet-Peugeot는 1889년에 증기 기관을 장착했지만 1891년에 선보인 Daimler 내연 기관 차량만이 올바른 움직임으로 입증되었습니다. 1929년에 201 모델은 중간에 0이 있는 일련의 3자리 표시를 시작했습니다. 첫 번째 숫자는 클래스를 나타내고 마지막 숫자는 다음 시리즈를 나타냅니다. 1948년에는 1960년까지 생산된 최초의 전후 푸조 203 모델이 출시되었습니다. 1959년에는 다가오는 교통 체증에 대비하여 처음으로 라디에이터 팬을 사용했습니다.

포르쉐

Porsche

슈투트가르트에 본사를 둔 독일 스포츠카 제조업체. 회사 설립자는 1931년 이전에 Daimler에서 경험을 쌓은 엔지니어인 Ferdinand Porsche였습니다. 그의 이름을 딴 최초의 자동차는 1938년에 만들어졌지만 포르쉐 로고가 있는 최초의 대량 생산 자동차는 1948년에 만들어졌습니다. 바로 356 모델입니다. 처음에는 인기 있는 Beetle과 엔진을 포함하여 많은 공통 부품이 있었지만 시간이 지나면서 자체 생산 부품으로 교체되었습니다. 가장 인기 있는 포르쉐 모델인 911은 1963년에 제작되었습니다. 911은 자체 설계한 6기통 박서 엔진을 후면에 장착했습니다. 자동차는 판매뿐만 아니라 스포츠에서도 성공을 거두며 세계적인 히트작으로 판명되었습니다. 911은 오프로드 자동차가 아닌 유명한 파리-다카르 랠리에서 우승한 최초의 자동차였습니다. 현재 브랜드에서 가장 잘 알려진 자동차 중 하나입니다. 911의 성공을 924/944, 928, 968과 같은 모델로 복제하려고 시도했지만 어느 것도 성공하지 못했습니다.

S · GO 4090

르노

Renault

자동차와 트럭을 생산하는 프랑스 자동차 브랜드.
이 회사는 1899년 Louis, Fernand 및 Marcel Renault 형제에 의해 설립되었습니다. 곧 더 많은 모델이 만들어졌고 이미 회사 소유주가 설계한 장치가 포함되었습니다. 최초의 전후 모델은 4CV였으며 1961년에 가장 오래 생산된(최대 28년) 4 모델로 대체되었습니다. 반면에 Renault 16은 오늘날 가족 모델의 선구자였습니다. 1966년 올해의 차를 수상한 최초의 르노 자동차이자 해치백 차체를 장착한 세계 최초의 자동차이기도 하다. Car of the Year 타이틀도 Clio(1991년과 2006년)와 Scenic(1996년) 모델이 수상했습니다. 안전 벨트는 1970년부터 모든 모델에 표준으로 장착되었습니다.

TALISMAN

롤스로이스

Rolls-Royce

럭셔리 리무진의 영국 제조업체. Charles Rolls와 Henry Royce의 협력에 대한 아이디어는 1904년 점심 식사 중에 떠 올랐습니다. 처음부터 이 브랜드는 항공기 엔진 생산에도 관여했으며, 이는 1973년 브랜드를 두 가지로 나누는 데 기여했습니다. 1906년에는 Silver Ghost 모델이 설계되었습니다. 그것은 50 HP 미만의 출력을 가진 7 리터 6 기통 하단 밸브 엔진을 장착했습니다. 영국 브랜드의 특징은 부와 최고 품질의 대명사 인 Spirit of Ecstasy 후드의 조각상입니다. 최신 모델에서는 안전상의 이유로 플랩 아래의 특수 버튼으로 숨겨져 있습니다. 오늘날 롤스로이스는 세계에서 가장 고급스럽고 고급스러운 브랜드 중 하나로 간주됩니다.

R · RR 446

좌석
Seat

Seat는 스페인의 승용차 브랜드입니다. 1950년에 국립 산업 연구소 (National Institute of Industry), 은행 조직 및 피아트 회사에 의해 설립되었습니다. 첫 번째 Seat 모델의 모델이 된 것은 이탈리아 자동차였습니다. 첫 번째 모델은 1400이었고 생산은 1953년 바르셀로나에서 시작되었습니다. 1980년에 Fiat는 National Institute of Industry에 지분을 매각하여 Seat Spain 최초의 독립 자동차 제조업체가 되었습니다. 당시 모델 레인지는 대폭 현대화되어 Ibiza, Marbella, Malaga 등의 모델이 등장했습니다. 1986년 폭스바겐은 세아트 주식의 51%를 사들였다. 1990년대에는 Giugiaro가 디자인한 차체 아래 독일 기술이 숨겨진 첫 번째 모델이 등장했을 때 99%까지 상승했습니다.

1507 IBC
600

스코다

Skoda

Skoda는 승용차를 생산하는 체코 회사입니다. 브랜드의 기원은 기계공 Vaclav Laurin과 회계사 Vaclav Klement가 자전거를 생산하는 Laurin & Klement 회사를 설립하고 1898년부터 오토바이도 생산한 1895년으로 거슬러 올라갑니다. 그들은 1901년에 첫 프로토타입 자동차를 만들었고 연속 생산은 27년 동안 지속되었습니다. 1964년 Škoda는 가족용 자동차인 1000MB 모델을 출시했습니다. 엔진은 뒤쪽에 위치했습니다. Fiat 600 또는 Porsche 356과 같은 자동차의 경험이 여기에 사용되었습니다. Volkswagen과의 협력은 Škoda가 독일 브랜드 그룹에 합류한 1991년에 시작되었습니다. 독일 기술을 사용한 체코 브랜드의 첫 번째 모델은 1994년 Felicia였습니다.

3SZ 8966
DW 185UX

스바루
Subaru

Subaru는 일본의 승용차 및 배달 밴 브랜드입니다. 회사의 역사는 1953년 전쟁 후 6개의 관심사가 회사 로고의 6개의 별으로 상징되는 Fuji Heavy Industries라는 하나로 통합되면서 시작됩니다. 1954년에 첫 번째 프로토타입은 P-1이라고 불렸고 1년 후 모델은 1500으로 불렸습니다. 1992년에는 유명한 Impreza가 발표되었습니다. 운전대를 잡은 Colin McRae는 랠리에서 반복적으로 세계 타이틀을 획득했으며 따라서 Subaru Impreza는 랠리에서 분리할 수 없는 요소가 되었습니다. 덕분에 모델은 전 세계적으로 인기를 얻었습니다.

스즈키
Suzuki

승용차, 트럭, 오토바이 및 엔진의 일본 브랜드. 회사는 1909년 스즈키 미치오가 해변 마을 하마마츠에 직조 장비 공장을 설립하면서 설립되었습니다. 거의 30년 후 Michio는 자신의 회사가 다른 분야에서도 발전해야 한다는 것을 깨달았고 1937년에 자동차 설계를 시작했고 2년 후에 몇 가지 프로토타입을 만들었습니다. 1970년은 브랜드에게 중요한 해입니다. 이어 세계적인 성공을 거둔 지미 오프로드 1세대 모델이 첫 선을 보였다. 1983년 시장에서 큰 성공을 거둔 1리터 스위프트 승용차 판매가 시작된다. SX4와 Vitara도 인기 있는 모델입니다.

테슬라
Tesla

럭셔리 및 스포츠 전기 자동차의 미국 브랜드. 회사 이름은 세르비아 엔지니어이자 많은 전기 제품의 발명가인 Nikola Tesla의 이름에서 유래되었습니다. 이 회사는 Elon Musk가 2003년에 설립했습니다. 첫 번째 모델인 로드스터에 대한 작업은 5년 동안 지속되었습니다. 2008년에는 양산에 들어갔다. 그 성능은 많은 휘발유 스포츠 차량에 필적했습니다. 1년 후, 리프트백 바디가 장착된 차량이 선보였습니다. 한 번 충전으로 300마일의 거리를 주행할 수 있는 동시에 스포티한 성능을 갖추는 것이었습니다. 생산은 2012년에 시작되었고 차량 이름은 Model S였습니다. 이 회사는 자동차 산업의 전기화로 인해 점점 더 많은 인기를 얻고 있습니다.

토요타

Toyota

1918년 Sakichi Toyoda가 설립한 일본 자동차 브랜드로 그의 회사는 처음에는 의류 산업에서 운영되었습니다. 자동차 부서는 1933년에 설립되었으며 2년 후에 첫 번째 프로토타입이 제작되었습니다. 첫 번째 모델인 AA의 생산은 1936년에 시작되었습니다. 1966년에는 브랜드의 가장 인기 있는 모델 중 하나인 Corolla의 1세대가 만들어졌습니다. 2013년에는 11세대 모델을 선보였습니다. 1992년에는 특히 튜너들이 좋아하는 4세대 스포츠 Supra 모듈이 만들어졌습니다. 2014년 토요타는 일본 최초의 양산형 수소연료전지차인 미라이를 출시했다. 2015년에는 일부 유럽 국가에서도 등장했다. Toyota는 세계에서 가장 큰 자동차 회사 중 하나입니다. 또한 Lexus 및 Daihatsu 브랜드도 소유하고 있습니다.

RAV4 HYBRID GR SPORT

폭스바겐
Volkswagen

독일 브랜드의 승용차 및 밴은 Volkswagenwerk Aktien-Gesellschaft(VAG) 관심사에 속합니다. 그 이야기는 1931년 Zündapp 회사가 Ferdinand Porsche에게 값싼 자동차를 만들어달라고 요청하면서 시작됩니다. 1934년 아돌프 히틀러의 명령에 따라 페르디난드는 전설적인 딱정벌레의 첫 번째 디자인을 선보였습니다. 그것은 값싼 가족용 자동차여야 했고, 히틀러는 그것을 "인민의 자동차"라고 명명했습니다. 공식적으로 생산이 중단된 2003년까지 총 2,150만 부 이상이 만들어졌습니다. 1973년에는 또 다른 매우 인기 있는 모델인 Passat가 출시되었습니다. 그의 뒤를 이어 골프가 데뷔했다. 딱정벌레의 성공을 되풀이하기로 되어 있었고 실제로 그렇게 되었습니다. 이 모델은 오늘날까지 큰 인기를 누리고 있으며 GTI 버전은 1982년에 제작되었으며 최초의 핫 해치 중 하나로 간주됩니다. Volkswagen 관심사에는 Audi, Skoda, Seat, Porsche, Lamborghini, Bugatti 및 Bentley와 같은 브랜드가 포함됩니다.

WOB · TI 613
WOB · GO 501
Volkswagen Classic

볼보
Volvo

승용차, 트럭, 건설 기계 및 엔진의 스웨덴 브랜드. 회사 이름은 스웨덴어로 "돌아서다"를 의미합니다. 그들의 첫 번째 자동차는 1927년에 생산이 시작된 ÖV4였습니다. 설립자들은 그들의 자동차가 고품질이고 기술적으로 진보하기를 원했습니다. 1966년에는 세계에서 가장 기술적으로 진보된 자동차로 간주되는 144개의 모델이 만들어졌습니다. 차는 크럼플 존을 통제했고, 모든 바퀴에 디스크 브레이크를 달았으며, 뒷좌석에도 안전벨트가 등장했습니다. 1999년 포드가 볼보에 대한 권리의 절반을 인수했고, 11년 후 볼보자동차의 새 주인은 중국인 길리였습니다. 현재 생산되는 모델에는 차체 유형을 나타내는 숫자 앞에 문자가 있습니다. C - 컨버터블 또는 쿠페; S - 세단; V - 스테이션 왜건; XC - 오프로드 모델.

Conrad K.
PUBLISHING WAW

또한 확인:

Conrad K.
THE GARBAGE
TRUCKS
of the world
A CHILDREN'S BOOK ABOUT
GARBAGE TRUCKS AND
ECOLOGY

Conrad K. Butler
CONSTRUCTION
MACHINES
FOR KIDS
Conrad K.

Conrad K.
the biggest
TRUCKS IN THE
WORLD
BOOK FOR KIDS

CREATURES
AND
MONSTERS
FROM LEGENDS AND MYTHS
GRADE
3+

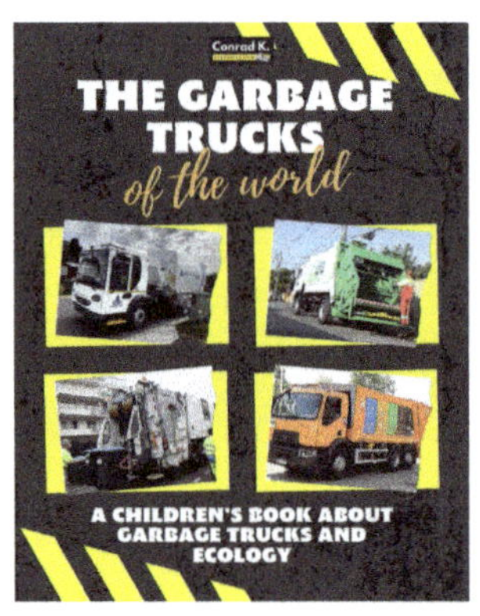

그리고 훨씬 더!